Christine Rettl

Das Job-Geheimnis

Beruf und Arbeit,
Gleichberechtigung,
Kinderbetreuung

Deutsch als Fremd- und Zweitsprache
A1

Ernst Klett Sprachen
Stuttgart

Infos + Übungen zu Deutsch im Alltag
→ S. 40–43.

 Infos + Übungen zu Sprache und Grammatik
→ S. 44–48.

Audio, Lösungen, weitere Infos + Übungen
→ online.

Einfach mit der App **Klett Augmented**
für Smartphone und Tablet scannen.
www.klett-sprachen.de/augmented

1. Auflage   1 6 5 4 | 2024 23 22

© Ernst Klett Sprachen GmbH, Rotebühlstraße 77, 70178 Stuttgart, 2017.
Alle Rechte vorbehalten.
Internetadresse: www.klett-sprachen.de

Redaktion: Carina Janas
Layoutkonzeption: Maja Merz
Zeichnungen: Friederike Ablang, Matthias Pflügner
Satz: Eva Lettenmayer, Gerlingen
Umschlaggestaltung: Maja Merz, Greta Gröttrup
Druck und Bindung: AZ Druck und Datentechnik GmbH, Kempten/Allgäu
Tonregie und Schnitt: Andreas Nesic, custom music, Stuttgart
Sprecherinnen und Sprecher: Gabrijel Cabraja, Andreas Drabarek,
Laura Eckhard, Jasmin Fäth, Andrea Klien, Sebastian Weber

Printed in Germany

ISBN 978-3-12-674918-3

Inhalt

das Computergeschäft

das Restaurant

die Bank

der Supermakt

die Gärtnerin
(der Gärtner)

der Park

der Koch
(die Köchin)

die Arztpraxis

der Kindergarten

die Schule

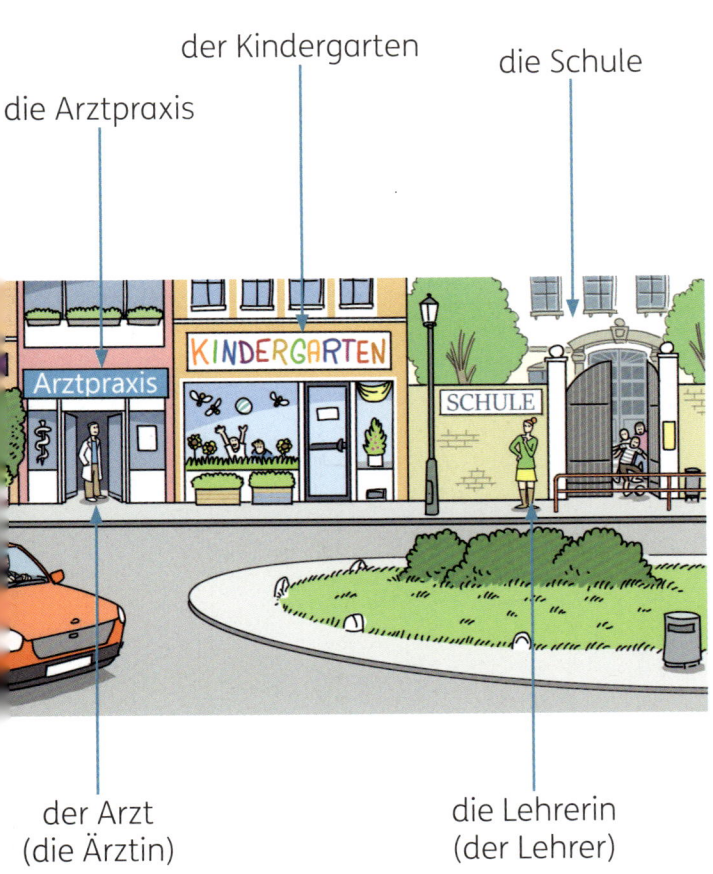

der Arzt
(die Ärztin)

die Lehrerin
(der Lehrer)

Samira Abdullah Habib

28 Jahre

kommt aus Bagdad (Irak)

ist Hausfrau und Mutter

kocht gerne

Hassan Ahmed Kamal

38 Jahre, Samiras Mann

kommt aus Bagdad (Irak)

ist Arzt, liebt Fußball

Aida Ahmed Kamal

3 Jahre, Tochter von

Samira und Hassan

Jussuf Ahmed Kamal

40 Jahre, Hassans Bruder

hat einen Laden für Computer

Sahar Bari Alam

32 Jahre

Hassans Schwester

ist Lehrerin, sucht eine Arbeit

Amir Suleimann

52 Jahre, hat ein

orientalisches Restaurant

 die Anerkennung

 der Antrag

 der Lebenslauf

 die Beratungsstelle

 die Deutschkenntnisse

 die Bewerbung

 die Bezahlung

 betreuen

 Vokabeltrainer + Audio online

Hassan und seine Familie kommen aus dem Irak. Aber jetzt leben sie in Deutschland. Hassan wohnt mit seiner Frau Samira, seiner Schwester Sahar und seiner kleinen Tochter Aida bei Jussuf. Jussuf ist Hassans älterer Bruder. Jussuf lebt schon länger hier. Alle haben schnell Deutsch gelernt, in einem Deutschkurs. Sahar und Hassan suchen jetzt Arbeit.

▸ S. 44

Audio online. Scannen und hören.

 Was wollt ihr hier arbeiten?

 Hassan ist Arzt, ich bin Lehrerin.

 Ihr habt eure Ausbildung im Irak gemacht. Die Ausbildung ist in diesem Land nicht gültig.

Wir sind asylberechtigt. Wir dürfen bleiben und sprechen gut Deutsch!

▸ S. 40

▸ S. 45

Das ist nicht genug. Hier müsst ihr alles neu lernen.

Wir schauen im Internet nach.

Es gibt ein paar freie Stellen für

Migranten: Regalauffüller, Verkäufer,

Reinigungskraft, Küchenhilfe,

Gärtner, LKW-Fahrer, ...

Aber ich bin Arzt!

Schreib einen Antrag und deinen

Lebenslauf, damit deine Ausbildung

anerkannt wird! Du musst zu einer

Beratungsstelle. Dort helfen sie dir

mit dem Antrag. Nimm deine

Zeugnisse mit!

Okay. Aber jetzt muss ich einen

Job haben. Wir brauchen Geld.

Infos zu **Berufen**, **Anträgen** und **Lebenslauf** online

 Hier ist ein Beispiel für den Lebenslauf. Den brauchst du auch für eine Bewerbung.

 Danke, Jussuf!

 Und was ist mit mir?

Ich brauche auch schnell einen Job.

Vielleicht etwas mit Kindern?

Jussuf findet eine Anzeige in der Zeitung.

> **Kinderbetreuung und Haushaltshilfe gesucht!**
> Familie mit zwei Kindern sucht junge, freundliche Frau, die im Haus hilft und die Kinder nach der Schule betreut. Gute Deutschkenntnisse gewünscht. Gute Bezahlung.

 Infos zur **Stellensuche** online

Dort melde ich mich gleich!

Was muss ich tun?

Hier steht eine Handynummer!

▸ S. 45

Sahar ruft an. Sie spricht mit der Mutter
der Kinder.

Ich soll mich morgen vorstellen!

Es ist nicht weit von hier.

Ich kann auch arbeiten gehen!

Du bleibst bei Aida. Ich schreibe

den Antrag und meinen Lebenslauf.

Dann suche ich eine Arbeit.

▸ S. 43

Infos zu **Gesprächen** mit dem Chef/der Chefin online

13

 der Streit

 der Verdienst

 das Stadion

 ein Konto **eröffnen**

 sparen

 heimlich

 stolz sein

Ein paar Wochen später

Hassan bekommt einen Arbeitsplatz als Gärtner bei der Stadt.

▶ S. 40

Der Job gefällt ihm. Er arbeitet gerne in der Natur. Aber Hassan will wieder als Arzt arbeiten.

Den Antrag, seinen Lebenslauf und die Zeugnisse hat er abgeschickt. Er wartet jeden Tag auf eine Antwort vom Amt.

Audio online. Scannen und hören.

▸ S. 43

▸ S. 45

Samira will auch arbeiten gehen. Aber Hassan will das nicht. Jeden Abend gibt es Streit.

 Ich möchte Geld verdienen!

  Du bist eine Frau!
Aber Sahar geht auch arbeiten.

 Sahar hat keinen Mann. Sie muss Geld verdienen. Du bleibst zu Hause!

Hier arbeiten viele Frauen.

In unserer Heimat aber nicht.

Ich will nichts mehr davon hören!

Samira meldet Aida im Kindergarten an.

Zum Glück gibt es noch einen freien Platz.

Dann sucht sie heimlich Arbeit.

Aber das ist nicht leicht.

Samira bringt Aida jeden Tag in den

Kindergarten und geht dann wieder nach

Hause. Sie räumt auf, putzt die Wohnung

und geht einkaufen. Hassan, Jussuf und

Sahar sind bei der Arbeit. Samira möchte

auch arbeiten gehen.

▸ S. 41/
S. 42

▸ S. 44

Auf dem Weg zum Kindergarten

sieht Samira einen Zettel an der Tür

zu einem orientalischen Restaurant:

Küchenhilfe gesucht!

Schnell bringt sie Aida in den Kindergarten

und geht dann sofort in das Restaurant.

Sie spricht mit dem Chef.

Er ist nett und das Gespräch ist gut.

Samira freut sich.

Sie kann vormittags als Küchenhilfe arbeiten.

Infos zur **Stellensuche** und zu **Gesprächen** mit dem Chef/der Chefin online

Samira kann sehr gut kochen.

Erst hilft sie beim Gemüseputzen.

▸ S. 45

Aber bald darf sie als Hilfsköchin arbeiten.

Ihren Verdienst will sie sparen.

Am Monatsende geht sie zur Bank

und eröffnet ihr eigenes Konto.

Samira ist stolz und froh.

Infos zu **Bank** und **Konto** online

Samira spricht mit Sahar darüber.

▸ S. 43

 Sahar, ich habe einen Job,

in einem orientalischen

Restaurant!

 Was sagt Hassan dazu?

 Er weiß es noch nicht.

 Er wird bestimmt böse!

 Aber wir brauchen etwas

mehr Geld!

Okay. Aber sei vorsichtig!

Hassan und Jussuf lieben Fußball.

 In drei Wochen ist ein wichtiges

Spiel. Ich will ins Stadion.

Kommst du mit?

Spar dein Geld lieber! Wir sehen

uns das Spiel im Fernsehen an.

Samira bringt den Männern Tee und hört

ein wenig von dem Gespräch.

▸ S. 41/
42

Jeden Morgen fährt Hassan zur Arbeit.

Samira bringt Aida in den Kindergarten.

Dann beginnt sie mit der Arbeit im Restaurant.

Samira arbeitet gerne im Restaurant.

Aber Hassan weiß nichts davon.

Er wartet noch immer auf eine Antwort

vom Amt.

 das Geheimnis

 der Park

 der Unfall

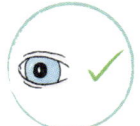 etwas merken

 nachdenken

 etwas verbieten

 loben

Vokabeltrainer + Audio online

▶ S. 43

Samira will Hassan noch nichts von ihrem Job sagen. Nur Sahar weiß es.

 Wann sagst du es ihm?

Jetzt noch nicht.

 Und wenn er es merkt?

Hassan arbeitet den ganzen Tag.
Er merkt bestimmt nichts.

 Audio online. Scannen und hören.

Einmal arbeitet Hassan am Vormittag in einem Park in der Nähe von Jussufs Haus. Er kommt zur Mittagspause in die Wohnung. Aber Samira ist nicht da. Wo ist sie?

Am Abend spricht Hassan mit Samira.

 Wo warst du heute Mittag? Ich wollte dich in der Mittagspause treffen.

Ich war einkaufen.

 Ach so, okay.

▸ S. 43

In der Nacht kann Samira nicht schlafen.

Sie denkt nach: Was soll sie tun?

Mit der Arbeit im Restaurant aufhören?

Nein, niemals!

▸ S. 44/ 45

Wenn sie es Hassan sagt, verbietet er ihr

die Arbeit.

Sie muss es noch geheim halten.

▸ S. 44

Am nächsten Tag kommt der erste Koch
nicht zur Arbeit. Er hatte einen schweren
Unfall. Und auch der zweite Koch geht
nicht an sein Telefon.

Samira ist da und kocht für alle Gäste.
Die Gäste loben das gute Essen.
Der Chef fragt Samira:

 Kannst du immer mittags als
Köchin arbeiten?
Samira bekommt dafür mehr Geld.
Sie freut sich sehr.

Infos online: **krank** sein und arbeiten

27

 die Idee

 der Geburtstag

 der Computer

 das Internet

 enttäuscht

 der Applaus

 Vokabeltrainer + Audio online

Samira hat eine Idee.

Hassan hat bald Geburtstag.

Er bekommt ein besonderes Geschenk.

Etwas, das ihm sehr gut gefällt.

▸ S. 44

Aber zuerst will sie ihm sagen, dass sie

einen Job hat. Einen sehr guten Job.

Jussuf hat einen freien Nachmittag.

Samira braucht seine Hilfe.

 Wie funktioniert der Computer?

Wie kommt man ins Internet?

Bitte zeig es mir!

Audio online. Scannen und hören.

 Was willst du am Computer?
Weiß Hassan davon?

 Ich will ihn überraschen.

Jussuf zeigt Samira, wie man E-Mails schickt und wie man etwas im Internet kaufen kann. Samira lernt schnell.

 Sag Hassan nicht, dass du es von mir gelernt hast!

 Ich verspreche es dir!

Nachts geht Samira heimlich ins Internet.

Sie lässt sich Zeit und liest alles genau.

Samira denkt: Das ist viel Geld!

Samira druckt das Geschenk für Hassan aus.

Sie ist sehr aufgeregt.

Schnell versteckt sie es in ihrer Tasche.

Hassan ist heute gut gelaunt.

 Nächste Woche habe ich Geburtstag. Nach der Arbeit will ich mit Jussuf und ein paar Freunden feiern.

▸ S. 45

Samira ist enttäuscht. Sie will doch mit Hassan reden.

Einen Tag vor Hassans Geburtstag sagt Samiras Chef:

 Morgen Abend haben wir besondere Gäste. Kannst du morgen auch am Abend kochen?

Samira denkt:

Hassan feiert und Sahar ist bei Aida.

Eigentlich kann ich auch an dem Abend

arbeiten gehen.

Sie sagt Ja.

▸ S. 43

Am Abend im Restaurant

Samira kocht heute besonders gut.

Die Gäste sind sehr zufrieden.

 Sie wollen den Koch sehen.

Aber der Koch ist eine Frau!

▶ S. 43

 Eine Frau kann genauso gut kochen.

Das sollen sie sehen!

Amir schiebt Samira zur Tür raus.

Samira bekommt Applaus und viel Lob.

An einem Tisch sitzt Hassan mit Jussuf

und seinen Freunden. Sie reden und lachen.

Hassan sieht Samira und springt auf.

Jussuf hält ihn fest.

Hassan kann es nicht glauben.

Vor ihm steht Samira spät am Abend im

Restaurant! Sie arbeitet hier!

▸ S. 43

▸ S. 44/
45

Hassan, ich muss arbeiten.

Wir brauchen mehr Geld!

Wenn du arbeitest, hast

du keine Zeit für Aida.

Ich arbeite nur, wenn Aida im

Kindergarten ist, oder Sahar da ist.

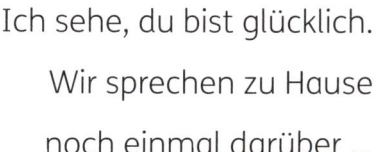

Ich sehe, du bist glücklich.

Wir sprechen zu Hause

noch einmal darüber ...

Bevor Hassan weitersprechen kann, holt

Samira das Geschenk aus der Tasche.

Zwei Karten für das Fußballspiel!

Alles Gute, lieber Hassan!

Die Karten sind für dich und Jussuf!

Hassan fehlen die Worte. Soll er sich freuen?

Oder weiter böse sein, weil Samira ihn

angelogen hat?

Jussuf legt seinen Arm um Hassans Schultern.

Samira ist die Beste! Sie geht

arbeiten und kauft tolle Geschenke!

▸ S. 44

⭐ **Sahar kann in Deutschland nicht als Lehrerin arbeiten. Warum?**

☐ Sie wohnt nicht lange genug in Deutschland.

☐ Sie hat keinen Deutschkurs gemacht.

☐ Ihre Ausbildung muss anerkannt werden.

☐ Sie ist nicht asylberechtigt.

⭐ **Hassan ist Arzt. Aber jetzt arbeitet er als ...**

☐ LKW-Fahrer.　　☐ Gärtner.

☐ Haushaltshilfe.　☐ Koch.

⭐ **Warum haben Hassan und Samira Streit?**

☐ Samira kocht nicht gut.

☐ Samira will auch arbeiten.

☐ Samira ist keine gute Mutter.

★ Welchen Job hat Samira?

☐ Sie arbeitet als Haushaltshilfe.

☐ Sie arbeitet als Köchin.

☐ Sie arbeitet als Kinderbetreuerin.

☐ Sie arbeitet als Lehrerin.

★ Was passt?

Achtung! Zwei Wörter passen nicht.

> Verdienst   Tag
> Konto   Arbeit   Computer   Nacht

Hassan arbeitet den ganzen _____.

Samira spart ihren _____.

Dazu eröffnet sie ihr eigenes _____.

Jussuf hilft Samira mit dem _____.

Lösungen online

39

Arbeiten in Deutschland

Wenn du als Migrant/in einen **Job** haben willst,
brauchst du ein Dokument mit Informationen
zu deinem *Aufenthaltsstatus* und eine
Beschäftigungserlaubnis für eine *Erwerbstätigkeit*.
Wichtig: Du musst die **deutsche Sprache** gut
können. Wenn du hier in deinem **alten Beruf**
arbeiten willst, schreibst du einen *Antrag* und
deinen *Lebenslauf* und schickst ihn mit *Zeugnissen*
an die zuständige Ausländerbehörde. Wenn dein
Antrag bewilligt wird, machst du eine zusätzliche
Ausbildung und eine Prüfung. Wenn du einen
neuen Beruf lernen willst, kannst du hier eine
Ausbildung machen.

Die **Wörter** sind schwer? Scanne die Seite und du findest **Erklärungen** dazu.

⭐ **Was brauchen die Personen, damit sie arbeiten können? Verbinde.**

 Hassan will wieder als Arzt arbeiten.

 Sahar will mit Kindern arbeiten.

 Samira will einen Beruf lernen: Köchin

• Ausbildung

• Antrag mit Zeugnissen und Lebenslauf

• Dokument: Aufenthaltsstatus

• Dokument: Beschäftigungserlaubnis

• Ausbildung und zusätzliche Prüfung

Kinderbetreuung

Kinder können ab *zwei Jahren* in den Kindergarten.

Dort werden sie von ausgebildeten Fachkräften

(Erzieher/innen) betreut.

Lösungen online

Wenn die Kinder im Kindergarten sind, haben die Eltern *Zeit*, z. B. für eine Arbeit oder für den Haushalt. Die Kinder *lernen* viel im Kindergarten: Die Erzieher/innen lesen vor, basteln, malen und sprechen mit den Kindern, man singt und spielt viel. Die Kinder treffen hier auch *andere Kinder*. So lernen sie, wie man sich im Streit verhält. Auch *Sprachen* lernen Kinder von anderen Kindern.

★ **Ab wann darf ein Kind in den Kindergarten?**

→ _____.

★ **Wer betreut die Kinder im Kindergarten?**

→ _____.

★ **Was machen die Kinder im Kindergarten?**

→ _____.

Lösungen und weitere **Infos** online

Gleichberechtigung

Im *Grundgesetz*, Artikel 3, heißt es:

Männer und Frauen sind **gleichberechtigt**.

Das bedeutet: Frauen sollen gleich behandelt

werden wie Männer. In den *EU Ländern* haben

Frauen und Männer die **gleichen Rechte**.

Die Frau muss nicht nur für ihren Mann und die

Kinder da sein. Sie kann **selbst entscheiden**,

ob sie arbeiten gehen, studieren oder Kurse

besuchen möchte.

In der *Ehe* sind Mann und Frau **Partner** und planen

alles **gemeinsam**.

Frauen **bestimmen selbst** über ihren Körper.

Jede Art von *Gewalt* ist **verboten** und wird bestraft.

Übung online

Adjektive und Nomen

Adjektive vor Nomen musst du **deklinieren**.

Die **Adjektivendung** hängt von Artikel, Genus und Kasus ab. So sind die Endungen für den **bestimmten** Artikel:

	Nom	Akk	Dat	Gen
m (Sg.) Bruder	der kleine	den kleinen	dem kleinen	des kleinen
n (Sg.) Auto	das kleine	das kleine	dem kleinen	des kleinen
f (Sg.) Tochter	die kleine	die kleine	der kleinen	der kleinen
Pl. Kinder	die kleinen	die kleinen	den kleinen	den kleinen

Wenn-Sätze

Ein wenn-Satz drückt **Bedingung** und Folge aus.

Der Satzteil mit *wenn* ist dabei immer ein **Nebensatz**.

Die gesamte **Adjektiv-Tabelle** findest du online.

Er kann vor oder nach dem Hauptsatz stehen.

Folge → HS	Bedingung → NS
Ich gehe nur arbeiten,	wenn Aida im Kindergarten ist.
Bedingung → NS	**Folge → HS**
Wenn du arbeitest,	hast du keine Zeit für Aida.
Wenn sie es Hassan sagt,	verbietet er ihr zu arbeiten.

Modalverben

dürfen, können, müssen, möchten, sollen und

wollen sind *Modalverben*. Sie sagen, wie wichtig

etwas ist. Sie bilden zusammen mit dem zweiten

Verb die **Satzklammer**:

Ich *will* auch *arbeiten gehen*. Was *muss* ich *tun*?

Hassan *will* wieder als Arzt *arbeiten*.

Die **Konjugation der Modalverben** findest du online.

45

⭐ **Welches Wort passt? Ergänze das Adjektiv in der richtigen Form. Markiere die Endung.**

> alt orientalisch wichtig
> klein nett gut
> neu

Hassan wohnt mit seiner Frau, seiner Schwester

und seiner _____ Tochter bei Jussuf.

Jussuf ist Hassans _____ Bruder.

Sahar sucht eine _____ Arbeit.

Samira sieht einen Zettel an der Tür zu einem

_____ Restaurant.

Sie spricht mit dem _____ Chef.

Hassan möchte zu einem _____

Fußballspiel gehen.

Die Gäste loben Samiras _____ Essen.

Lösungen online

⭐ **Samira will arbeiten, Hassan will das nicht.**

Markiere `Folge` **und** `Bedingung` .

Wenn ich arbeite ,

haben wir mehr Geld .

Aber du hast keine Zeit für Aida,

wenn du nicht zuhause bist.

Ich arbeite nur, wenn Aida im

Kindergarten ist.

Du kannst aber nicht arbeiten, wenn der

Kindergarten geschlossen ist.

Wenn der Kindergarten geschlossen ist,

passt Sahar auf Aida auf.

Okay, wenn du es so sehr willst,

kannst du arbeiten gehen.

Übungen Sprache

⭐ **Setze die Modalverben in der richtigen Form ein.**

Der Text hilft.

| können | sollen | wollen | müssen | dürfen |

In der Nacht k_ _ _ _ _ _ _ _ _ Samira nicht schlafen.

Hassan sagt: Sie d_ _ _ _ _ _ _ _ _ nicht arbeiten.

Samira denkt nach: Was s_ _ _ _ _ _ _ _ _ sie tun?

Sie w_ _ _ _ _ _ _ _ _ Hassan noch nichts von ihrem

Job sagen. Sie m_ _ _ _ _ _ _ _ _ es noch geheim halten.

Samira k_ _ _ _ _ _ _ _ _ sehr gut kochen. Die Gäste

w_ _ _ _ _ _ _ _ _ den Koch sehen. Der Chef sagt:

Eine Frau k_ _ _ _ _ _ _ _ _ genauso gut kochen wie

ein Mann. Das s_ _ _ _ _ _ _ _ _ sie sehen!

Einfach loslesen! Alle Infos:

www.klett-sprachen.de/einfach-loslesen

Lösungen online